EL TRABAJO DESDE CASA ES PARA TODOS

María Rivero- Sánchez

¿El trabajo desde casa es para todos? ¿Son todos los trabajos fáciles de realizar a condición de que se realicen desde casa? Esta guía, estructurada en cuatro capítulos, analiza el trabajo en casa desde distintas perspectivas, tratando de dar respuesta a estas preguntas sobre el trabajo en remoto.

Cada capítulo se completa con actividades para reflexionar y para visualizar el trabajo en casa no como un sueño, sino como un proyecto.

EL TRABAJO DESDE CASA ES PARA TODOS

MI SUEÑO ES...

Mi objetivo al leer este libro es...

1. EL TRABAJO EN CASA ES PARA TODOS

Actividades antes de la lectura

Estas son las ventajas de trabajar en casa que conozco

Estos son mis principales miedos y dudas

El trabajo desde casa es fácil y para todos. No importa que se desee trabajar por cuenta propia, que se plantee como una actividad para compaginar con otras, que se busque algún trabajo para tener ingresos extra sin muchos esfuerzos o que el objetivo sea el teletrabajo.

Desear trabajar desde casa es todo lo que hay que hacer para lograrlo.

Esta presentación es un buen resumen de la idea generalizada que hay sobre el trabajo desde casa y, con mucha frecuencia, aparece relacionada con la búsqueda de trabajos desde casa o con el teletrabajo.

A esta idea suelen añadírsele ventajas y beneficios como la libertad de horarios, la comodidad de trabajar sin jefes o sin supervisores o la posibilidad de conciliación completa con otras actividades.

Y con esta idealizada presentación, que con tanta frecuencia se escucha y se lee, no es difícil pensar que el trabajo desde casa está al alcance de todos.

Es más: que el trabajo en casa es la mejor opción.

Profundizando un poco más en esta idea, casi se invita a pensar que quien trabaja fuera de casa ha hecho una elección equivocada, no sabe cómo encontrar una oportunidad para mover la oficina hasta su casa…

¡No pasa nada! Será cuestión de tiempo que el trabajo fuera de casa desaparezca y que cualquiera pueda pasarse días y días sin salir de casa.

A. El trabajo desde casa es para todos

Mucha de la información que se ve y se lee se centra en las maravillas del trabajo en casa, del teletrabajo y del mundo *freelance*. La alternativa del trabajo desde casa se presenta como la más deseada por los trabajadores, por ser:

✓ La que más ventajas ofrece

✓ Un privilegio que las empresas ofrecen a sus mejores trabajadores

✓ Un regalo para empleados que cumplen determinados requisitos.

Ante toda la información que se puede encontrar sobre formas de lograr trabajar en casa y sobre las maravillas de esta oportunidad, es fácil pensar que esta forma de trabajo es la mejor:

Para completar la imagen ideal del trabajo en casa, nada como la idea de que la tecnología ayuda a conseguirlo. Será cuestión de tiempo que cualquiera pueda trabajar desde su hogar, es más, todo apunta a que trabajar desde casa será el futuro del trabajo.

a. Las ventajas más populares del trabajo desde casa

- ✓ Conciliación

- ✓ Ahorro de tiempo

- ✓ Flexibilidad horaria

- ✓ Decidir el precio por el propio trabajo

Además, la tecnología lo va a hacer posible y puede que hasta obligatorio. Así que mejor empezar cuanto antes.

Dentro de unos años trabajar fuera de casa será solo un complemento. Hay que empezar a saber cómo lograr reconvertir su profesión y su carrera para poder desarrollarla desde casa.

b. ¿Qué hay de verdad en las ventajas del trabajo en casa?

Como las ventajas son muchas y de diferente índole, sería interesante desarrollar una por una, las más conocidas, siempre basándome en mi propia experiencia.

Así que vamos a ver qué hay de verdad en…

"Trabaja cuando quieras organizando horarios a tu medida"

La primera idea sobre el trabajo en casa suele ser precisamente que ofrece mayor flexibilidad horaria. El trabajador decide cuándo trabaja y puede modificar su horario con libertad para favorecer la conciliación.

¿Y qué hay de verdad en ello?

En realidad, al final los clientes suelen tener horarios de oficina, así que para contactar con ellos hay que amoldarse a esos horarios.

Sin embargo, al estar en casa, la disponibilidad horaria para temas de última hora o para urgencias es mayor y, como no se controlen los tiempos, al final cualquier momento parece bueno para acabar una tarea, para realizar otra, para gestionar pequeñas actividades rutinarias…

"Concilia con tu vida familiar"

Para padres y madres, el trabajo en casa es una excelente forma de compaginar trabajo con cuidado de los hijos, y de tener más tiempo para pasar con la familia y, por supuesto, para no tener que depender de otras personas para el cuidado de los niños.

¿Qué hay de verdad en ello?

Después de los primeros años, en los que son más dependientes, estando en casa y estableciendo ciertas normas, no lo veo incompatible.

Pero de nuevo me planteo qué cambios hay con respecto al trabajo desde una oficina. *"Sale el niño del colegio así que me tengo que ir"* o *"Está enfermo"* ya no son excusas para justificar que el trabajador no termine su jornada a la hora que toca.

En el primer caso, la tarea urgente se puede posponer, se recoge al pequeño, se vuelve a casa y ¡a seguir trabajando! En el segundo, ni siquiera es necesario posponer el trabajo, se lleva al médico, se vuelve a casa y ¡a seguir trabajando!

"Disfruta de aún más libertad horaria"

Cualquier momento es bueno para abandonar la casa y disfrutar de otras actividades, o para trabajar desde cualquier lugar. Lo bueno del teletrabajo es que las vacaciones se pueden disfrutar en cualquier momento.

¿Qué hay de verdad en ello?

Vuelvo a incidir sobre el tema de las vacaciones, los descansos y la libertad horaria, porque las empresas se acostumbran a que el trabajador tenga horarios más flexibles y a que siempre está disponible.

Así que las empresas también disfrutan de mayor libertad para disponer de un trabajador en fines de semana o en horario nocturno.

Por lo que al final es un trabajador disponible 24 horas los 365 días del año.

"Concilia el trabajo con otras actividades"

El tema familiar es quizás el más llamativo, pero hablando de conciliación, las posibilidades parecen ser muchas más para compaginar trabajo con cualquier actividad gracias a la libertad de horarios.

Es posible compaginar el trabajo con formación, con actividades deportivas, con *hobbies*, con pasar más tiempo con la familia, con cocinar a diario, con gestionar mejor el tiempo, etc.

¿Qué hay de verdad en ello?

Estos otros ejemplos reales de conciliación:

- ✓ Conciliar el mobiliario para convertir una mesa de comedor en tu mesa de trabajo.

- ✓ Conciliar la compra en el supermercado con un intercambio de emails con un cliente.

- ✓ Conciliar el tiempo de vacaciones comunicadas, avisadas, notificadas y ~~y~~ vueltas a notificar, con recibir un proyecto en medio del tiempo de descanso y no poder, o no tener la voluntad, para decir que no.

"Aprovecha nuevas oportunidades"

Trabajar desde casa te permite ser un trabajador más flexible, y conocer nuevas, e interesantes oportunidades, en el mundo laboral, siendo un trabajador siempre abierto a buscar nuevos proyectos.

¿Qué hay de verdad en ello?

Hay mucha competencia en el mercado laboral en general.

Con un trabajo en sede empresarial, la competencia se limita a las personas que pueden o quieren desplazarse hasta ese lugar, que no son pocas; pero con el teletrabajo y el trabajo por cuenta propia desde casa, el número de candidatos potenciales es tan amplio como trabajadores haya en el mundo.

Así que buscar a otro freelance que desarrolle el mismo proyecto por menos no cuesta nada. Se pueden realizar varios proyectos o tener muchos clientes, pero todo depende del tiempo, de la formación, de la experiencia y de las propias competencias y habilidades del freelance para desarrollar varios proyectos a la vez con éxito.

"Olvídate de que otros decidan cuánto ganas"

Ganar tanto dinero como se desee, decidiendo cuánto vale el propio tiempo y el propio esfuerzo es una de las grandes ventajas del trabajo en casa.

Además, al estar en casa, hay muchas cosas que el trabajador se ahorra.

¿Qué hay de verdad en ello?

Hay mucha competencia, así que el tema de fijar los precios no es tan libre y los clientes buscan, se informan y solicitan varios presupuestos antes de elegir.

Una "ventaja" del teletrabajo es que el trabajador puede estar en cualquier lugar o vivir en cualquier país, así que hay que competir con trabajadores de lugares en los que las tarifas son más bajas.

Las empresas esperan obtener presupuestos simpáticos y descuentos por cualquier situación.

c. Las verdades del trabajo desde casa

Es decir, un trabajador freelance desde casa es un empleado:

- ✓ Con mayor disponibilidad horaria

- ✓ Al que se pueden exigir reducciones en el precio por cualquier motivo

- ✓ Con el miedo de perder el trabajo o a un cliente si encuentran a un trabajador más económico.

✓ Y que tiene claro que la calidad no siempre es un valor por el que una empresa esté dispuesta a pagar más.

Estas son algunas de las bondades del trabajo en casa, pero de verdad, tal y como se viven en el día a día del trabajo en casa.

B. ¿Es el trabajo en casa siempre la mejor opción?

No voy a ser yo quien diga que el trabajo desde casa es malo o bueno, o que en él solo hay desventajas.

En esta forma de trabajar existen luces y sombras que conviene tener en cuenta para valorar de forma más completa la alternativa del trabajo en casa.

Ya hemos visto que existen ventajas; sin embargo, también hay que afrontar dificultades, pero con motivación y una buena organización se pueden superar.

Actividades después de la lectura

Estas son algunas ventajas del trabajo en casa. ¿Qué me impediría disfrutar de ellas?

Trabajar cuando quiera, organizando horarios a mi medida

....

....

Conciliar vida familiar con el trabajo

....

....

Disfrutar de mayor libertad horaria

....

....

Conciliar el trabajo con otras actividades que me gustan

....

....

Aprovechar nuevas oportunidades profesionales

....

....

Decidir el valor de mi tiempo y mi trabajo

....

....

Mis principales debilidades para empezar a trabajar en casa son...

En cambio, mis principales fortalezas son...

ESPACIO PARA MIS NOTAS

2. NO TODOS LOS TRABAJOS DESDE CASA SON PARA TODOS (POR MUCHO QUE DIGAN QUE SÍ)

Actividades antes de la lectura

Conozco estas profesiones que cualquiera puede realizar desde casa

Con mi formación y mi experiencia puedo trabajar en casa porque…

Estos son algunos ejemplos de títulos que aparecen solo con teclear "trabajo en casa" en cualquier motor de búsqueda:

"Trabajos desde casa que cualquiera puede hacer"

"Trabaja en casa con estas profesiones que son para todo"

"Trabaja y gana ingresos sin salir de casa"

No es difícil entender que el trabajo desde casa llama la atención e interesa, pero: ¿quiere eso decir que todas las opciones de trabajo en casa son válidas?

Lo más curioso es que, al enumerar profesiones y empleos para realizar desde casa, aparecen todo tipo de opciones e ideas en diferentes listas. A veces es difícil determinar qué criterios se han seguido para formar esas listas.

Es común encontrar alternativas para ganar dinero desde casa que mezclan formas de conseguir algunos ingresos extra con profesiones que no son trabajos en casa para cualquiera, por mucho que en la lista se insista en que cualquiera puede desarrollarlos si está en su casa.

A. Preguntas y respuestas sobre el trabajo en casa

Antes de hablar sobre profesiones que se pueden, o no, realizar desde casa y de las características y requisitos es importante dejar claras algunas cosas.

- ✓ *¿Es posible trabajar desde casa? Sí*

- ✓ *¿Existen profesiones y empleos que se pueden realizar desde casa? Sí*

- ✓ *¿Se pueden conseguir altos ingresos trabajando en casa? Sí*

✓ *¿Hay profesiones bien remuneradas relacionadas con el trabajo en casa? Sí.*

✓ *¿Se puede adaptar un empleo al teletrabajo o al trabajo desde casa por cuenta propia? Cada vez son más y lo más seguro es que en un futuro la lista siga aumentando.*

✓ *¿Es el trabajo en casa para cualquiera? No veo por qué no cuando se tienen claras algunas cosas.*

✓ *Ahora bien: ¿es cualquier trabajo válido para cualquiera que quiera trabajar a condición de que lo haga desde el hogar? No.*

B. Trabajos desde casa

Navegando un poco por la red no es muy fácil encontrar el tipo de listas que combinan todas las ideas posibles de trabajos desde casa sin tener en cuenta la formación, los cursos, los certificados, las experiencias o los requisitos necesarios según las profesiones.

C. ¿Por qué no todos los trabajos desde casa son para cualquiera?

Estas son solo algunas ideas, pero sirven para dejar claro que parece que todo vale cuando se trata de completar listas con ideas de trabajo desde casa. Y no, no es así.

En primer lugar, porque el trabajo en casa se debe realizar en el marco de la legalidad laboral de la que pocas veces se habla. Es decir, que hay que cumplir con las obligaciones que todo trabajador tiene.

En segundo lugar, porque el trabajo se debe realizar en el marco de la legalidad, y en muchas profesiones no se trata solo de encontrar un espacio en casa y ponerse a trabajar. Hay que contar con permisos y certificados.

En tercer lugar, porque hay que realizar el trabajo dentro de la legalidad y, trabajar en según qué profesiones sin cumplir los requisitos para ello podría considerarse competencia desleal.

En cuarto lugar, porque hay que tener en cuenta las consecuencias legales, y no solo las de realizar trabajos para los que no se tiene la formación y las competencias necesarias.

Y por si todas estas razones no son suficientes, no hay que perder de vista que para realizar un trabajo por cuenta propia, formación y experiencia son la mejor carta de presentación.

Por mucho que una lista diga que es un trabajo desde casa para cualquiera, las empresas en busca de freelancers, van a valorar la formación y la experiencia. Cuando se trata de teletrabajo para empresas "serias", de nuevo, se tendrán en cuenta formación y experiencia en la selección de personal.

D. Convertir una profesión en un trabajo en casa

Siempre me ha llamado la atención que el objetivo sea el trabajo desde casa y a partir de ahí se invite a buscar ideas para trabajar desde casa.

En lugar de buscar ideas de trabajo desde casa, sería más interesante buscar una idea propia y convertirla en un trabajo en casa.

a. Dar forma al proyecto de trabajar en casa

El proyecto de trabajar en casa debería ser un proceso como este:

> 1) Tener una idea, un objetivo, un proyecto para un trabajo

Empezar a dar forma al trabajo en casa no es centrarse en trabajar, sino buscar un trabajo motivador, interesante, algo en lo que ya se tenga experiencia o algo que se quiera aprender.

Es decir, centrarse en ese sueño o en esa profesión que siempre se ha deseado realizar.

2) Buscar la forma de realizarlo desde casa

Aquí se podría hablar, por un lado, de decidir entre trabajar por cuenta propia y tener un negocio o trabajar de forma remota. Informarse de cuáles son las mejores alternativas y de cuál es la realidad del trabajo desde casa en otro sector.

Y, por otro lado, hay que plantearse cómo conseguir trabajar desde casa a diario, localizando espacios de trabajo, organizando un horario que sea realista, buscando los recursos imprescindibles, detectando los focos de conflicto y, en definitiva, imaginando el día a día del trabajo en casa.

3) Invertir en formación para lograr adaptarse a la realidad cambiante del mercado y a la realidad del trabajo en casa.

Y a partir de ahí se trata de hacer que el proyecto se convierta en una realidad, utilizando los medios y competencias con los que se cuenta para comenzar, pero teniendo claro que el trabajo en casa es un proceso de aprendizaje y formación continuos.

b. Dar fondo al proyecto de trabajar en casa

Una lista de ideas de trabajo desde casa puede inspirar o motivar para cambiar de profesión, para saber que ya hay profesionales que lo han logrado, para progresar.

Pero antes de ponerse a buscar trabajo es importante valorar algunos aspectos que son esenciales para lograr los resultados esperados.

1) Valorar objetivamente el punto desde el que se parte

La experiencia previa, la formación y las competencias sientan las bases del trabajo. Cuando el objetivo es elevado, el camino para lograrla es más largo.

Trabajando fuera de casa la experiencia y la formación son claves para obtener tal o cual empleo y, por supuesto, para avanzar. En el trabajo en casa ocurre lo mismo.

Para llegar al trabajo deseado, hay que empezar teniendo claro cuál es el punto desde el que se parte…

2) Determinar hasta dónde se quiere llegar

¡Y cuál es la meta a la que se pretende llegar!

Se puede tener un hobby, pero convertirlo en un negocio no solo es ponerse a vender, sino conseguir que alguien quiera comprar. Para ello tienen que conocer el producto o servicio y estar dispuestos a pagar su precio.

Se puede haber trabajando siempre en un sector, pero llegar a ser consultor requiere cambios.

Se puede haber trabajado por cuenta ajena, pero empezar por cuenta propia ya no es solo desarrollar las funciones y tareas propias del empleo, sino todas las que significan ser tu propio jefe.

3) Valorar las paradas obligatorias que hay que hacer hasta alcanzar la meta

Formación, exámenes o pruebas que certifiquen que se cumplen determinados requisitos y que el trabajo se puede desarrollar, porque se cuenta con las capacidades y las competencias para ello.

Formación para gestionar un negocio propio: para llevar la contabilidad, para comunicarse, para tener clientes, para presentar planes y proyectos.

Información sobre el marco legal y jurídico para trabajar según el país de residencia y el país en el que se pretenda trabajar.

Y esto solo como ejemplo.

El trabajo en casa es para todos. También para ti. Pero no tiene por qué ser una solución temporal, o un parche a una situación personal o económica complicada, puede ser un proyecto a largo plazo si se plantea como tal.

Actividades después de la lectura

Estos son tres profesionales que trabajan desde casa en lo mismo que tú quieres trabajar...

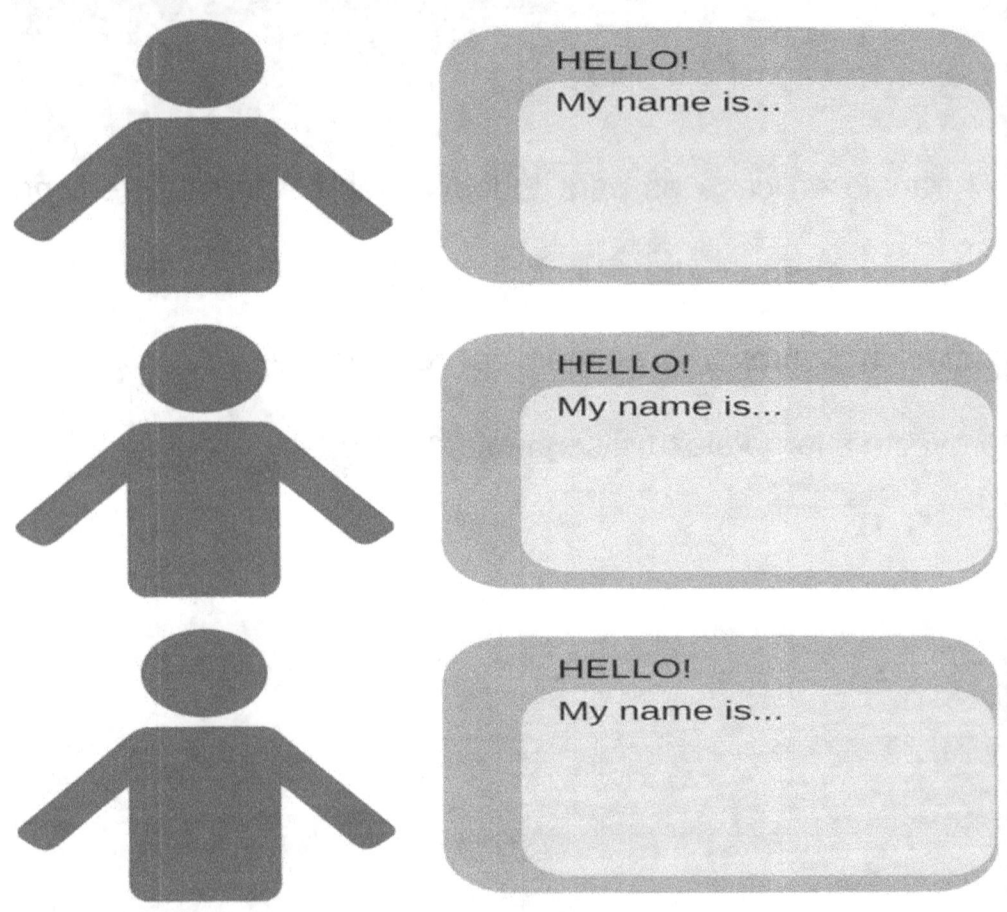

Considero que estoy a esta distancia de mi objetivo

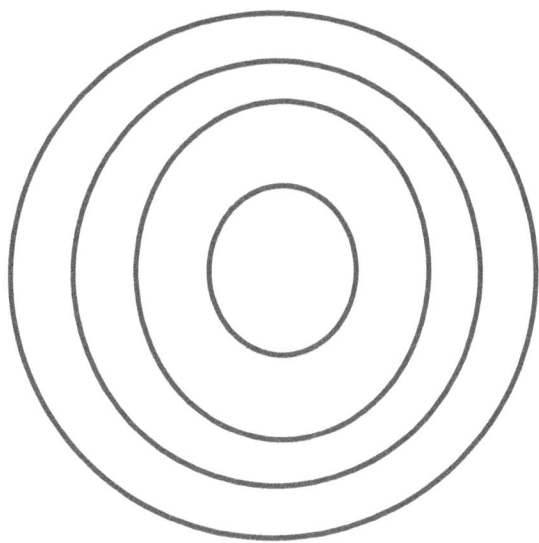

Y para alcanzar el objetivo…

TENGO…	ME FALTA…

ESPACIO PARA MIS IDEAS

3. COSAS QUE HAY QUE SABER PARA TRABAJAR DESDE CASA

Actividades antes de la lectura

Para trabajar en casa yo necesitaría…

De mi sueño de trabajar en casa me aleja…

Leyendo y viendo todo lo que hay sobre el trabajo en casa (bueno, una parte de ello, porque llevaría una vida conocerlo todo), no solo parece que el trabajo desde casa sea para todos. Además, es una alternativa ideal con ventajas de lo más interesantes y con inconvenientes de los que tan poco se habla que parece que no existen. Pero sí que existen.

La libertad de horario, mayores ventajas de conciliación, la alta motivación de los trabajadores y otras razones se apuntan entre las ventajas que, sin embargo, en el primer capítulo dejaron de ser tan beneficiosas. Pero hay más cosas que saber para trabajar desde casa.

De hecho, hay cosas que conviene tener muy claras desde el principio, porque muchas de ellas definen el progreso del trabajo y la posibilidad de continuar a largo plazo.

¿Son todas las cosas aspectos negativos? No. Hay alguna desventaja, pero la mayoría son cuestiones prácticas o realidades que, más pronto o más tarde, aparecen dentro del trabajo en casa, por cuenta propia o ajena, así que mejor tenerlas claras desde el principio.

A. Cosas que hay que saber

Muchos de quienes emprenden desde casa lo hacen de forma improvisada y repentina; otros lo hacen con planificación, y dando el salto poco a poco, midiendo y analizando cada paso, intentando aumentar las posibilidades de éxito…

Sinceramente, yo pertenezco al primer grupo, tenía formación y experiencia, pero no fui yo quien buscó el trabajo en casa, sino que el trabajo desde casa me encontró a mí.

Así que he aprendido con el tiempo cosas sobre esta forma de trabajar en casa, cosas que, en un principio, ni siquiera pensaba que fueran necesarias.

a. Cosas que hay que saber sobre…

El espacio de trabajo

Cuando se trabaja desde el hogar, igual que cuando se trabaja desde cualquier otro lugar, se ocupa un espacio durante el tiempo que se dedica al trabajo.

No importa si se trata de un espacio concreto o de uno cambiante: área para trabajar en casa hay, de hecho, es recomendable buscar un espacio adecuado antes de que el espacio lo encuentre a uno.

Tener espacio de trabajo en casa no significa tener un megadespacho, o contar con una oficina perfectamente equipada, sino ser consciente de las necesidades y requisitos del propio trabajo y buscar que este lugar no entorpezca, dificulte o retrase, sino que facilite el desarrollo de las tareas y funciones.

El horario de trabajo

El tema de los horarios es uno de los más complicados dentro del mundo freelance, del teletrabajo y del trabajo desde casa por cuenta propia y por cuenta ajena.

Hay quienes necesitan un horario de trabajo similar a la oficina, quienes prefieren trabajar por las noches o a quienes, por diferentes razones, se les impone un horario determinado.

En cualquier caso, tener un horario de trabajo concreto no solo favorece la creación de rutinas, sino que, sobre todo, ayuda a contactar y estar disponible para los "superiores", ya sean la empresa para la que se trabaja, o los clientes que encargan proyectos. Como mínimo hay que tener un horario de atención.

En mi caso, procuro tener un horario similar al de una oficina, tanto para atender a los clientes, como para trabajar, así evito estar pendiente del trabajo 24/7.

Además, tener un horario también favorece la conciliación trabajo y hogar. Estableciendo horarios, se favorece que las personas con quienes se convive entiendan cuándo estás disponible, y cuándo no. O, al menos, se reducen las interrupciones, aunque el horario estable también puede desarrollarse según el del resto de personas. Por ejemplo:

- ✓ Cuando no estén en casa;
- ✓ Por las noches;
- ✓ Cuando realicen tareas para las que no necesiten atención
- ✓ Cuando realicen tareas que puedan ser complementarias al trabajo
- ✓ Y un largo etcétera

El equipo para trabajar

El trabajo desde casa puede requerir un PC y poco más, así que se emplea el que se tiene a disposición; pero también hay que utilizar otras herramientas y recursos para desarrollar completamente las funciones del trabajo.

En ocasiones el trabajador está muy ilusionado con su nuevo proyecto, pero los equipos ya están pensando en su jubilación y no tienen mucha voluntad para empezar con una actividad:

- ✓ Porque ya tienen muchos años
- ✓ Porque el uso que se les ha dado no ha sido el más adecuado
- ✓ Porque han sido un centro de ensayos y aprendizaje durante los años de formación

✓ Porque están destinados a un uso doméstico y les cuesta soportar tareas profesionales a lo largo del tiempo

Al poco tiempo de comenzar mi trabajo en casa, mi PC decidió que ya era el momento del "descanso eterno". No me dejó de repente, venía avisándome desde hacía tiempo y exigirle horas y horas de trabajo acabó con él. Estaba empezando, así que no tenía muchas ganas de ponerme a invertir en un equipo profesional y resolví de forma improvisada…

Mucho esfuerzo, muchas horas de trabajo perdidas, algunos proyectos sin resultados satisfactorios y, después de un par de meses, tuve que hacer la inversión porque la situación era caótica, pero las perspectivas de trabajo muy buenas.

Entrevistas y reuniones online

Trabajo en casa, por cuenta propia o ajena, y entrevistas van de la mano. Así que aprender a gestionar entrevistas virtuales con éxito y tener claro cómo asegurar que cada reunión online sea un éxito, ya que ayuda a crear una imagen profesional y en muchos casos estas entrevistas sirven para marcarse y marcar nuevas pautas y objetivos, para conocer novedades, etc.

No voy a decir que yo tenga muchas, lo cierto es que suelo tener unas cuatro a lo largo del año, algunas con clientes habituales y otras como parte de la "fase final" antes de iniciar un proyecto o una colaboración.

Sensación de soledad

Uno de los aspectos "feos" del trabajo en casa es que se pueden trabajar jornadas enteras sin mantener una conversación. La sensación de soledad y aislamiento es una realidad; es una de las cosas que hay que saber para trabajar desde casa, igual que hay que saber cómo manejarla y cómo superarla.

A mí no me da miedo la soledad, pero sí reconozco que en algunos momentos echo de menos el trabajo fuera de casa; por ejemplo, durante las pausas para el café o para charlas intrascendentales que ayudan a desconectar para volver al trabajo con otra mentalidad.

La familia y el entorno

No siempre el entorno apoya a quienes deciden trabajar por su cuenta, ni siquiera las personas con las que se convive. Las reacciones y situaciones relacionadas con quien se comparte casa son tan variadas como trabajadores hay.

Entre las reacciones más frecuentes se incluyen:

- ✓ Que se considere una afición

- ✓ Que se entienda como una actividad hasta que se encuentra "un trabajo de verdad"

- ✓ Que se vea como el complemento a las tareas del hogar

- ✓ Que no se respete el tiempo de trabajo

- ✓ Que se asocie con la alternativa al aburrimiento

- ✓ Que se entienda como secundaria a cualquier otra actividad

Son solo algunos ejemplos. Y sí, me he puesto en lo peor, porque hay quienes respetan el trabajo, pero es difícil no toparse con esto más pronto o más tarde.

Aprender a manejar las reacciones del entorno y enseñarles a respetar el trabajo, sus horarios y sus funciones son dos de las claves para sobrevivir a trabajar en casa.

B. Más cosas que hay que saber

a. Para trabajar por cuenta propia

La importancia de saber fijar tarifas

Una de las cosas que hay que saber para trabajar desde casa es que no hay que regalar el trabajo para asegurarse tener proyectos, y que trabajar desde casa no significa que la única forma de trabajar es ofrecer tarifas más bajas.

Los precios y tarifas se asocian con el perfil profesional, y precios bajos suelen asociarse con perfiles profesionales bajos y atraer a un perfil de cliente que no es el mejor para empezar.

Crearse una marca trabajando en casa no es fácil y, desde luego, flaco favor se hace a la propia marca cuando se asocia el nombre a trabajar por muy poco dinero.

La falta de motivación

El trabajo por cuenta propia implica dedicar muchas horas a cuestiones que no son el desarrollo del trabajo, y además, es un trabajo cíclico con periodos de alta demanda y otros de descenso de los encargos.

Si a ello se le une la sensación de soledad, se tiene la fórmula perfecta para que aparezca la falta de motivación para trabajar.

Presentación a los clientes

Uno de los grandes desafíos del trabajador desde casa es salvar la barrera que supone no tener las ventajas de visibilidad que implica contar con una oficina fuera.

Hay que tener ciertas habilidades comunicativas para tratar con clientes, no solo en el momento de conseguir proyectos, también a lo largo del desarrollo, en caso de dificultades y, por supuesto, si surgen reclamaciones.

Por suerte, internet y las redes sociales pueden ayudar mucho a la hora de darse a conocer y de llegar a los clientes.

b. Para trabajar por cuenta ajena

Cumplimiento de tareas

El trabajo en la oficina y el nuevo trabajo desde casa no van a tener muchas diferencias entre sí. Ahorro de tiempo de desplazamientos, más presencia física en casa y, con un poco de suerte, "estar antes con la familia" son algunas de las ventajas del teletrabajo. Pero por lo demás hay pocas diferencias entre tener el puesto de trabajo en un sitio o en otro cuando se depende directamente de una empresa.

Las tareas no cambian, los horarios pocas veces permiten la añorada libertad y, en caso de que no se cumplan los objetivos, los jefes van a querer saber los motivos.

Desplazamiento a la oficina

Cuando se pasa del trabajo fuera al trabajo en casa, evitar las reuniones o las visitas a la oficina no entra dentro de las ventajas.

La mayoría de empresas establecen entre sus condiciones para aceptar el teletrabajo que el empleado acuda a la sede un determinado número de días al mes o a la semana, incluso establecen qué días exactamente.

El lado bueno es que permiten cierta flexibilidad para mover esos días si hay justificación; el malo, que suelen marcar líneas rojas y situaciones en las que, sí o sí, hay que trabajar desde la oficina.

Creo que con estos puntos aclarados es más fácil trabajar.

Todos los enumerados son situaciones que más pronto o más tarde aparecerán, pero saberlas con antelación hace que, cuando aparezcan, se reconozcan como cosas frecuentes del trabajo desde casa y, además, que se puedan buscar formas de reducir sus consecuencias negativas con tiempo.

Actividades después de la lectura

Estas son tres cosas que me podría decir mi familia cuando les plantee mi decisión de trabajar desde casa

Actividades después de la lectura

Escribe un valor del 1 al 10 según consideres que las cuestiones propuestas te afectarían

☐ El espacio de trabajo

☐ El horario de trabajo

☐ Las entrevistas online

☐ La sensación de soledad

☐ La familia y el entorno

☐ El cálculo del valor económico de mi tiempo

☐ La falta de motivación

☐ Darme a conocer a empresas y clientes

☐ La creación de objetivos

☐ El cumplimiento de tareas y obligaciones

ESPACIO PARA MIS REFLEXIONES

4. TRABAJO DESDE CASA CON ÉXITO

Actividades antes de la lectura

¿Qué es para mí el éxito?

¿Cuáles son mis referencias para medir el éxito en el trabajo?

Hay países en los que el trabajo desde casa y el teletrabajo no son una realidad, y los trabajadores que disfrutan de esta opción son aún muy pocos. Uno de esos países es España, el país en el que yo vivo.

Según la fuente que se consulta, el porcentaje puede variar, pero en cualquier caso hay algo que todas dejan claro: las empresas que ofrecen la alternativa del teletrabajo son pocas.

El trabajo por cuenta propia desde casa es algo más frecuente, aunque tampoco son muchos los autónomos que eligen su hogar como sede empresarial, y muchos de los que lo hacen indican que su objetivo es trasladarse tan pronto como sea posible.

Sin embargo, el trabajo desde casa ya es una realidad factible y, de aquí a unos años, los trabajos que no se realizarán desde la sede de una empresa aumentarán. Trabajar de forma remota no será extraño dentro poco.

Todo ello hace que se hable mucho sobre el trabajo en casa, pero que se presente de una forma un tanto idealizada y un tanto ajena a qué significa el trabajo desde casa con éxito.

Sí, con éxito: trabajar en casa no es sobrevivir trabajando, sino una alternativa real de empleo. Es desarrollar un proyecto de empleo estable con independencia de que el lugar en el que se trabaja sea el propio hogar.

A. ¿Qué es el éxito trabajando desde casa?

Difícil cuestión, aunque para mí el éxito del trabajo desde casa debería incluir estos aspectos:

✓ Trabajar en una actividad que gusta, atrae, motiva; de la que se tienen conocimientos, competencias y experiencia

- ✓ Poder realizar las funciones de trabajo de forma eficaz

- ✓ Conseguir ingresos suficientes

- ✓ Estar motivado y pensar que esta actividad, y en estas condiciones, se puede desarrollar a largo plazo

Es decir, más o menos lo mismo que en cualquier otra forma de trabajar.

Sí, bueno, ganar mucho dinero o trabajar para una empresa de primerísimo nivel tampoco estaría mal, igual que sería perfecto trabajar pocas horas y ganar muchísimo dinero estando en casa, pero no voy a entrar en lo fácil o difícil que puede ser lograrlo…

En cualquier caso, los referentes que he indicado son la base del trabajo desde casa con éxito, al menos los que yo considero más importantes para saber que se han conseguido las metas planteadas.

a. Algunas preguntas para reflexionar

✓ ¿Qué gran empresa contrataría a un trabajador que no tiene formación y experiencia, fuera o dentro de sus oficinas?

✓ ¿Cómo lograr altos ingresos si no se tiene un perfil profesional en el que las empresas quieran invertir?

✓ ¿Qué empresa contrataría a un teletrabajador que no esté realmente motivado para realizar el trabajo desde casa durante mucho tiempo?

✓ ¿Qué tipo de trabajo "bueno" permitiría que las funciones del cargo quedaran relegadas a un segundo plano?

B. Errores comunes del trabajo en casa

La lista de errores del trabajo en casa podría ser muy extensa, pero se podrían dividir en grandes grupos:

- ✓ Pensar que "como es en casa" el trabajo no necesita de cualificaciones o de experiencia y que todas las profesiones se pueden realizar desde casa

- ✓ Creer que "en casa" es ya un puesto de trabajo, y no disponer de espacio de trabajo adaptado

- ✓ Imaginar que un trabajo en casa da toda la libertad para dedicarse a otras tareas

- ✓ Suponer que es posible conseguir altos ingresos trabajando en casa sin invertir apenas horas y con tareas fáciles

Hay errores por falta de conocimiento, hay errores en los que es difícil caer y otros que no son exactamente culpa del trabajador, pero que, sin embargo, pueden dar al traste con esta alternativa de trabajo.

Y estos errores se dan - tanto si se piensa en un trabajo desde casa por cuenta propia, como si se piensa en un trabajo por cuenta ajena.

Incluiría además en los errores creer que el entorno de familia y amigos apoyará en el momento en que se toma la decisión de trabajar desde casa. La verdad es que hay de todo, pero en muchas ocasiones el entorno es uno de los principales motivos de desánimo y desmotivación.

a. Evitar estos errores

El problema es que estos errores se pueden convertir en un verdadero lastre a la hora de conseguir el sueño de trabajar en casa.

Así que hay que ser consciente de ellos y tomar medidas para que no se conviertan en un motivo de conflicto o en un elemento desmotivador.

El proceso sería:

1) Ser consciente de que todos tenemos prejuicios sobre trabajar en casa

2) Comparar estos prejuicios con la realidad del trabajo y del trabajador

3) Poner los medios para que no influyan en el trabajo

C. Claves para conseguir un trabajo en casa de éxito

Parece que en el trabajo en casa es todo malo y que no hay nada bueno, se podría incluso pensar que no es posible trabajar en casa con éxito… ¡Ni mucho menos!

Solo hay que tener muy claro que, como en cualquier empleo, el trabajo desde casa tiene sus ventajas y sus desventajas, y que las recompensas son el resultado del esfuerzo y del trabajo bien hecho, como en el trabajo fuera de casa, vamos.

a. Para conseguir trabajo

Si se desea encontrar una oportunidad de teletrabajo

- ✓ Las opciones pueden no ser tantas como se espera y muchos incluyen requisitos difíciles de cumplir.

- ✓ Las empresas extranjeras pueden solicitar nivel medio-alto de uno o varios idiomas.

- ✓ Un buen trabajo desde casa tiene procesos de selección que pasar, o sea, currículos, carta motivacional, entrevistas…

Si se desea trabajar por cuenta propia desde casa

- ✓ Las opciones son más, pero también es un mercado muy competitivo en el que hay que ofrecer un trabajo de calidad

✓ Hay que organizar muy bien el tiempo para trabajar y captar a nuevos clientes

✓ De nuevo, formación y experiencia son necesarios para conseguir buenas oportunidades (o incluso oportunidades mediocres)

b. Para trabajar

Tanto en el trabajo por cuenta propia como en el teletrabajo:

✓ Es necesario disponer de un espacio de trabajo en casa físico, no solo para trabajar, sino también por comodidad

✓ Hay que contar con que el entorno no siempre dará su apoyo, por ello, hay que tener una motivación adecuada

✓ Hay que tener claro que en ocasiones hay que priorizar el trabajo a otras actividades. El trabajo desde casa favorece la conciliación, pero también hay limitaciones.

c. Para tener éxito

Hay que tener claro que:

- ✓ Motivación, formación y experiencia son las claves para trabajar en casa

- ✓ Tener un proyecto claro y saber cómo convertirlo en tareas concretas, que se tienen que desarrollar de forma independiente para lograr el proyecto, son aspectos esenciales del trabajo

- ✓ Y, por supuesto, las ganas de seguir creciendo y avanzando cada día son básicas para una trayectoria de trabajo desde casa con éxito

La decisión de trabajar en casa es fácil de tomar, pero, puestos a dar ese paso: ¿por qué no tomar la decisión de tener un trabajo desde casa con éxito?

Sí, es algo más costoso, pero a cambio se puede lograr que la idea del trabajo desde casa sea una realidad a largo plazo y que incluya todas las ventajas del trabajo remoto.

Actividades después de la lectura

¿Tendré respuestas personales para las preguntas para reflexionar?

¿Cuento con la formación y la experiencia para empezar a trabajar en casa?

....

....

¿Tengo un perfil profesional que resulte interesante para empresas o clientes?

....

....

¿Seré capaz de marcarme objetivos laborales? ¿Y de cumplirlos?

....

....

¿Tengo la motivación adecuada para empezar? ¿Podré mantener esa motivación a largo plazo?

....

....

¿Tengo la motivación para buscar soluciones a los aspectos en los que tengo que mejorar?

....

....

ESPACIO PARA MIS PENSAMIENTOS

5. EN PRIMERA PERSONA: CÓMO ES MI TRABAJO DESDE CASA...

Me gustaría hablar sobre mí como profesional, y sobre mi experiencia trabajando desde casa.

Trabajo desde mi casa y no niego que esta opción me gusta. Empecé trabajando de forma casual, en una profesión de escritorio y despacho, dentro o fuera de casa. Conocía a compañeros que trabajaban desde casa, aunque para mí ni siquiera hubiera considerado esa opción.

No fue una elección personal, en aquel momento mis alternativas eran trabajar desde casa o no trabajar. Así que decidí intentarlo y ahí comenzó mi aprendizaje sobre cómo se trabaja en casa y cómo conseguir que se convirtiera en algo estable.

A. Mis tareas habituales

Como trabajo por mi cuenta, entre las tareas que realizo a lo largo de un mes se pueden incluir:

- ➢ Gestión de horarios y actualización

- ➢ Contacto con nuevos clientes

- ➢ Calculo de tarifas y presupuestos

- ➢ Gestión de pagos y facturas

- ➢ Y, por supuesto, trabajo

Es decir, que además del trabajo, que es solo una parte del mi rutina, tengo que realizar otras tareas al trabajar por cuenta propia.

Tengo un espacio propio, pero está en casa, con todo lo conlleva ya que comparto espacios que utilizo y horarios con quienes convivo, y no siempre es fácil.

B. Mis clientes

Tengo clientes que han ido llegando con los años y la cartera de empresas con las que trabajo ha ido creciendo con el tiempo, pero no todos mis clientes son nuevos, algunos de mis actuales clientes antes eran mis jefes.

Sí. Empresas para las que trabajé como parte de su plantilla siguen contando con mis servicios esporádicamente, a veces con frecuencia, otras no tanto. Cada cierto tiempo me escriben para confirmar algún proyecto, yo lo realizo, pagan cuando pagan, y hasta la próxima, que será cuando sea.

Es decir: tienen el mismo empleado, con las mismas características, con aún más experiencia, pero ahora como trabajador por cuenta propia con más disponibilidad y más tareas que realiza por su cuenta.

Por suerte, no vivo solo de esas empresas, igual que sé que ellas no viven solo de mí, y que reparten el trabajo entre varios trabajadores. De ahí que el resto de las tareas del mes sean las que antes decía y que estén destinadas a conseguir estabilidad.

Los grandes proyectos pueden llegar en cualquier momento, pero las facturas están ahí todos los meses, puntualmente.

O sea que el trabajo desde casa es relativamente cómodo para mí, pero es comodísimo para las empresas.

C. **Mi día a día en el trabajo**

A lo largo de los años he aprendido y me he adaptado a trabajar desde casa. Hoy lo considero una solución muy cómoda ya que me permite trabajar a mi medida y me ofrece mucha libertad en algunos aspectos.

No me imagino trabajando de otra forma; al menos, si no pudiera tener parte de las ventajas que ahora tengo.

Resumir en una pequeña lista todo lo que he aprendido y todo lo que ahora sé sería muy complicado; además, creo que cada trabajador desde casa debería tener una rutina a medida, personalizada, ya que es la única forma de conseguir que el proyecto funcione.

Aunque si tuviera que indicar algunos de mis imprescindibles, estos serían mis diez:

1. Un horario a medida
2. Un espacio de trabajo que se ajusta a mis necesidades
3. La experiencia previa aprendida trabajando fuera
4. La motivación para trabajar a diario
5. El empeño por seguir aprendiendo
6. Una actitud positiva
7. La pérdida del miedo a los pequeños contratiempos
8. Análisis, reconocimiento de los errores y búsqueda de soluciones

9. La previsión

10. Las motivación para seguir creciendo cada año

Mirando hacia atrás, en un recorrido por los últimos años, me sorprende haber conseguido llevar mi proyecto adelante y conseguir cierta estabilidad.

Actividad después de la lectura

EJERCICIO PRÁCTICO: Me imagino dentro de cinco años trabajando en casa.

El espacio de trabajo está en…

Te gusta trabajar en ese espacio porque…

A lo largo de los hayos has hecho algunos cambios en él para…

Y has ido creando un horario a medida, que se adapta a ti porque…

A este horario también se ha adaptado tu familia, aunque no fue fácil ya que…

Para lograrlo tuve que…

A veces recuerdo la sensación de soledad al principio, y esas veces en las que sentía desmotivación, sin embargo logré superarlas con…

Comenzar no fue fácil. Mi primer proyecto lo recuerdo porque…

Y muy pronto tuve claro que tendría que progresar, así que…

Lo que menos me gustaba de trabajar en casa al principio era…

Pero mi mayor motivación era…

Ya entonces tenía claro que mis mayores fortalezas eran…

Y que tenía que trabajar algunos puntos débiles, como…

Que reforcé para mejorar mediante…

Pasado este tiempo tengo un consejo que darme…

Y es que, gracias a haberme atrevido a dar el paso y trabajar en casa he logrado…

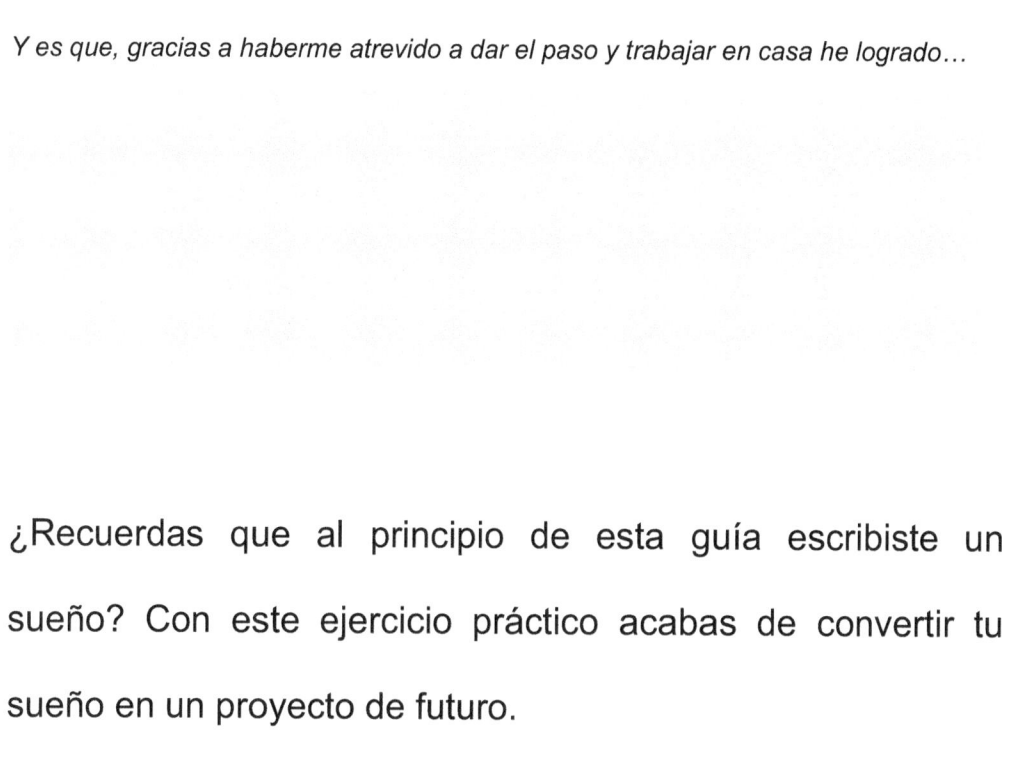

¿Recuerdas que al principio de esta guía escribiste un sueño? Con este ejercicio práctico acabas de convertir tu sueño en un proyecto de futuro.

ESPACIO PARA MIS MOTIVACIONES

EMPEÑO, ENTUSIASMO Y GANAS SEGURO

QUE NO TE FALTAN. AHORA ADEMÁS

TIENES UNA IMAGEN DE CÓMO PODRÍA SER

TU FUTURO PROYECTO, UNA IMAGEN QUE

HA EMPEZADO A TOMAR FORMA EN TU

CABEZA, PERO QUE PODRÍA SER REAL.

SOLO HAY QUE ATREVERSE A DAR EL PASO.

YO YA LO HE LOGRADO. Y TÚ: ¿TE ATREVES

A CONVERTIR TU SUEÑO EN UN PROYECTO?

ESPACIO PARA MI PROYECTO